CW00446885

LA STORIA
DI
DUE TOPINI CATTIVI

LA STORIA DI
DUE TOPINI CATTIVI

DI

BEATRIX POTTER

Autrice di
"La Storia di Peter Coniglio" etc.

SPERLING & KUPFER

Traduzione di Donatella Ziliotto

The Tale of Two Bad Mice
Text and original illustrations
copyright © Frederick Warne & Co., 1904
New reproductions
copyright © Frederick Warne & Co., 1987
First published in Great Britain
by Frederick Warne & Co.
© 1988 Sperling & Kupfer S.p.A.
Finito di stampare nel novembre 1988
da William Clowes Limited, Beccles and London
Printed in Great Britain

ISBN 88-200-0784-3
86-I-88

*Le illustrazioni contenute in questo libro sono state
ottenute usando i moderni metodi di scanning
elettronico sulla base di nuovi fotocolor degli acquerelli
originali di Beatrix Potter. Questa particolare tecnica
consente di apprezzare appieno il talento artistico
di Beatrix Potter come mai in passato.*

A

W. M. L. W.

LA BAMBINA

CON LA CASA DI BAMBOLA

C'ERA una volta una bellissima casa di bambola; era in mattoni rossi, con le finestre bianche, le tendine di vera mussola, un'elegante porta d'ingresso e un camino.

LE padrone di casa erano due bambole, di nome Lucinda e Jane; veramente la padrona era Lucinda, ma non dava mai ordini in cucina.

Jane era la cuoca, ma non faceva mai da mangiare, perché i pasti erano stati comperati una volta per tutte bell'e fatti e stavano in una scatola tutta imbottita di paglia perché non si sciupassero.

C'ERANO due aragoste ros-
se, un prosciutto, un pe-
sce, un budino, qualche pera e
qualche arancia.

Non era possibile togliere i
cibi dai piatti, ma facevano una
bellissima figura.

UN giorno Lucinda e Jane erano andate a fare un giretto con la loro carrozzina. La stanza dei bambini era deserta e tranquilla. A un certo punto si sentì scalpicciare e raspare in un angolo accanto al camino dove, sotto lo zoccolo, c'era un piccolo buco.

Tom Pollice mise la testa fuori per un attimo, e subito la ritrasse.

Tom Pollice era un topo.

UN minuto dopo anche Hunca Munca, sua moglie, mise la testa fuori; e quando vide che nella camera dei bambini non c'era nessuno, si avventurò sull'incerata sotto il recipiente del carbone.

LA casa di bambola stava dall'altro lato del caminetto. Tom Pollice e Hunca Munca attraversarono prudentemente il tappeto davanti al camino. Provarono a spingere la porta d'ingresso: era aperta!

TOM Pollice e Hunca Munca salirono al piano di sopra e fecero capolino nella sala da pranzo. Quello che videro li fece squittire di gioia!

Che splendido pranzo era apparecchiato sulla tavola! C'erano cucchiai di latta, coltelli e forchette di piombo e due seggioline. E tutto aveva un'aria *così* comoda!

TOM Pollice si sedette e si mise subito ad affettare il prosciutto. Aveva un bel colore rosso brillante, con striature bianche.

Il coltello si piegò e lo ferì; allora Tom si mise in bocca il dito.

«Non è abbastanza cotto, è troppo duro. Prova tu, Hunca Munca.»

HUNCA Munca si alzò in piedi sulla sedia e diede un colpo deciso al prosciutto con un altro coltello.

«È duro come quello del pizzicagnolo», disse Hunca Munca.

IL prosciutto fece un balzo dal piatto e rotolò sotto la tavola.

«Lascia perdere», disse Tom Pollice. «Proviamo col pesce, Hunca Munca.»

HUNCA Munca tentò con un coltello dopo l'altro, ma il pesce rimaneva incollato al piatto.

Allora Tom Pollice perse la pazienza. Posò il prosciutto sul pavimento e cominciò a tempestarlo di colpi con le pinze e con la paletta del camino... bang, bang, spic, spac!

Il prosciutto volò in mille pezzi perché, sotto la vernice brillante, era fatto di gesso!

TOM Pollice e Hunca Munca non si davano pace per la rabbia e la delusione. Spaccarono il budino, le aragoste, le pere e le arance.

Siccome il pesce non si staccava dal piatto, lo ficcarono nella carta crespa rosso fiamma della cucina. Ma non riuscirono neanche a bruciarlo.

TOM Pollice si arrampicò su per il camino della cucina e guardò fuori. Ma non c'era ombra di fuliggine.

MENTRE Tom Pollice era salito nel camino, Hunca Munca ebbe un'altra delusione. Aveva trovato sulla credenza dei barattoli, con le etichette: RISO – CAFFÈ – ZUCCHERO, ma quando li rovesciò, non saltarono fuori che palline rosse e azzurre!

ALLORA i topi si misero d'impegno a fare più danni che potevano, specialmente Tom Pollice. Prese tutti i vestiti di Jane dai cassetti del comò, nella sua stanza da letto, e li scaraventò dalla finestra dell'ultimo piano.

Ma Hunca Munca era un tipo più pratico: dopo aver tirato fuori metà delle piume dal cuscino di Lucinda, le venne in mente che lei stessa aveva bisogno di un letto di piume.

CON l'aiuto di Tom Pollice trasportò il cuscino al piano di sotto, e lo trascinò attraverso il tappeto. Fu più difficile infilarlo nella tana, ma in qualche modo ci riuscirono.

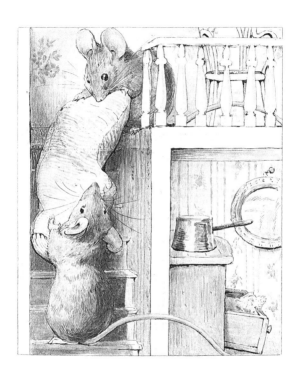

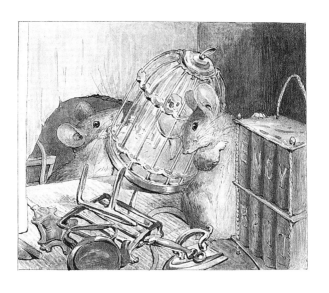

POI Hunca Munca tornò indietro e prese una sedia, una libreria, una gabbia per gli uccelli e molte altre cianfrusaglie. Ma non riuscirono a far entrare nella tana la libreria e la gabbia.

HUNCA Munca li abbando-
nò dietro il recipiente per
il carbone e andò a prendersi
una culla.

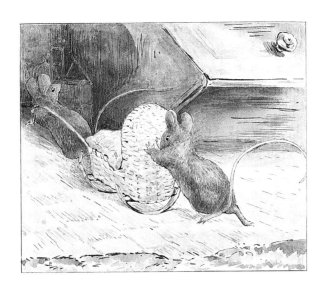

HUNCA Munca stava tornando indietro con un'altra sedia, quando improvvisamente si sentì un chiacchiericcio sul pianerottolo. I topi filarono nel loro buco, mentre le bambole entravano nella stanza.

CHE spettacolo si presentò agli occhi di Jane e di Lucinda! Lucinda si sedette con gli occhi sbarrati sul fornello e Jane si appoggiò alla credenza continuando a sorridere, ma nessuna delle due fece alcun commento.

LA libreria e la gabbia furono recuperate dietro il recipiente del carbone, ma Hunca Munca si era presa la culla e qualche vestito di Lucinda.

AVEVA anche preso diverse pentole e padelle, molto utili, e tante altre cosette.

LA bambina che possedeva la casa di bambola disse: «Qui ci vuole un bambolotto vestito da poliziotto!»

MA la sua bambinaia propose: «Qui ci vuole una trappola per topi!»

COSÌ, questa è la storia dei due topini cattivi, ma in fondo non erano poi così cattivi, perché Tom Pollice ripagò tutto quello che aveva rotto.

Sotto il tappeto aveva trovato una moneta da sei soldi tutta storta e quando fu la vigilia di Natale lui e Hunca Munca la ficcarono in una delle calze di Lucinda e Jane.

E OGNI mattina all'alba – quando tutti dormono ancora – Hunca Munca arriva con la sua scopa e la sua paletta a spazzare la casa delle bambole!

FINE